T... 1870-Mai-13

COLLECTION

DU PRINCE T...

TABLEAUX

ANCIENS

VENTE AUX ENCHÈRES PUBLIQUES

HOTEL DROUOT, SALLE N° 8

Le Vendredi 13 Mai 1870, à 2 heures précises

EXPOSITIONS

PARTICULIÈRE	PUBLIQUE
LE MERCREDI 11 MAI 1870	LE JEUDI 12 MAI 1870

DE 2 HEURES A 5 HEURES

Me ESCRIBE	M. HARO, peintre expert
COMMISSAIRE-PRISEUR	CHEVALIER DE LA LÉGION D'HONNEUR
Rue de Hanovre, 6	Rue Visconti, 14, et rue Bonaparte, 20

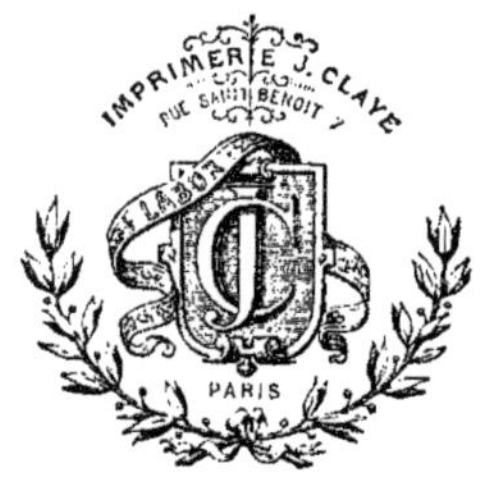
IMPRIMERIE J. CLAYE
RUE SAINT BENOIT 7
PARIS

CATALOGUE

DES

TABLEAUX

ANCIENS

de la Collection du prince T...

DONT LA VENTE AURA LIEU

HOTEL DROUOT, SALLE N° 8

Le Vendredi 13 Mai 1870

EXPOSITIONS

PARTICULIÈRE	PUBLIQUE
LE MERCREDI 11 MAI 1870	LE JEUDI 12 MAI 1870

DE 2 HEURES A 5 HEURES

Me ESCRIBE	M. HARO, peintre expert
COMMISSAIRE-PRISEUR	CHEVALIER DE LA LÉGION D'HONNEUR
Rue de Hanovre, 5	Rue Visconti, 14

CE CATALOGUE SE DISTRIBUE

A PARIS, CHEZ

Me ESCRIBE	**M. HARO, peintre expert**
COMMISSAIRE-PRISEUR	CHEVALIER DE LA LÉGION D'HONNEUR
Rue de Hanovre, 6	Rue Visconti, 14,

CONDITIONS DE LA VENTE

Elle sera faite au comptant.

Les acquéreurs payeront cinq pour cent en sus des enchères.

DÉSIGNATION

BARTHOLOMMEO (Fra)?

1. — Le Martyre de saint Étienne.

Toile. — Haut. 0m,57 c.; larg. 0m,44 c.

BEELDEMAKER (A.)

2. — Chiens de chasse.

Signé à droite.

T. — H. 0m,45 c.; l. 0m,55 c.

BEELDEMAKER (A.)

3. — Chiens de chasse.

Signé à gauche; pendant du précédent.

T. — H. 0m,45 c.; l. 0m,55 c.

BLOOT (P. DE)

4. — **Passage d'une rivière.**

Au premier plan des pêcheurs, des bateliers; plus loin, le bac, des moulins, etc.; fond de paysage.

Signé sur un tonneau : P. de Bloot.

Bois. — H. 0^m,55 c.; l. 0^m,82 c.

BOUCHER

(École de)

5. — **Les Plaisirs champêtres.**

T. — H. 0^m,69 c.; l. 0^m,67 c.

BREKELENKAMP

6. — **La Dévideuse.**

Belle conservation.

Signé à droite et dat

B. — H. 0^m,25 c.; l. 0^m,21 c.

BROCK (S. DE)

7. — **Paysage, vue prise de Dordrecht.**

Signé à gauche dans le bas.

B. — H. 0^m,35 c.; l. 0^m,46 c.

BRUN (Élisabeth-Louise Vigée Le)

8. — **Jeune Fille; pastel.**

Signé à droite : L. Vigée fecit.

Ovale. — H. 0m,30 c.; l. 0m,31.

BUCHOLTZ

9. — Paysage.

T. — H. 0m,26 c.; l. 0m,22 c.

CARRACHE (A.)

10. — Sainte Famille.

Cuivre. — H. 0m,23 c.; l. 0m,18 c.

CASTIGLIONE

11. — **Intérieur de basse-cour.**

Coqs, poules, canards, pigeons, etc., etc.

T. — H. 1m,43 c.; l. 1m,03 c.

CASTIGLIONE

12. — Intérieur de basse-cour.

Paon, pintade, singe, etc., etc.; pendant du précédent.

T. — H. 1^m,43 c.; l. 1^m,93 c.

CORTONE (Pietre de)

13. — La Résurrection de Lazare.

T. — H. 1 m.; l. 1^m,37 c.

COYPEL

14. — Cybèle.

Allégorie. La déesse est assise sur un tertre dans un site magnifique; des Amours lui présentent des fruits et des fleurs.

T. — H. 0^m,89 c.; l. 1^m,46 c.

DELACHAUX

15. — Le Collier de perles.

C. — H. 0^m,23 c.; l. 0^m,17 c.

DELACHAUX

16. — La Déclaration.

B. — H. 0^m,22 c.; l. 0^m,17 c.

DIETRICH

17. — Le Soir.

Paysage, figures et animaux; effet de soleil couchant.

Gravé par Aubertin.

Signé à droite et daté.

T. — H. 0^m,35 c.; l. 0^m,43 c.

DOES (Van der)

18. — Paysage et animaux.

Signé et daté sur le rocher : Van der Does, 1650.

T. — H. 0^m,37 c.; l. 0^m,31 c.

DOV (Gérard)

(École de)

19. — Le Général Papenheim.

B. — H. 0^m,16 c.; l. 0^m,12 c.

DUVIEUX (H.)

20. — Vue de Venise.

T. — H. 0^m,14 c.; l. 0^m,21 c.

DUVIEUX (H.)

21. — Vue du Grand-Canal (Venise).

T. — H. 0^m,16 c.; l. 0^m,28 c.

DUVIEUX (H.)

22. — Vue du Bosphore.

T. — H. 0^m,16 c.; l. 0^m,28 c.

DYCK (Philippe van)

23. — Vieillard et Courtisane.

B. — H. 0^m,22 c.; l. 0^m,19 c.

EYCK (Van)

(École de)

24. — Vierge et enfant Jésus sur fond d'or.

B. — H. 0m,24 c.; l. 0m,14 c.

ÉCOLE FLAMANDE

25. — Vierge et enfant Jésus.

B. — H. 0m,35 c.; l. 0m,28 c.

FRÈRE (Th.)

26. — Campement à Boulak (près du Caire).

B. — H. 0m,21 c.; l. 0m,30 c.

GAAL (B.)

27. — Halte près d'une ferme.

T. — H. 0m,33 c.; l. 0m,40 c.

GAAL (B.)

28. — Kermesse.

T. — H. 0^m,27 c.; l. 0^m,23 c.

GELÉE DIT LE LORRAIN (CLAUDE)?

29. — Paysage.

Forme ronde.

B. — Forme ronde, 0^m,24 c.

GENNARI

30. — Amours se jouant.

T. — H. 0^m,50 c.; l. 0^m,45 c.

GIORDANO (LUCA)

31. — Fleurs et fruits.

Sous le péristyle d'un vaste palais, plusieurs serviteurs sont occupés à transporter des vases de fleurs et des corbeilles de fruits qui sont en profusion : à gauche, un nègre apporte un oranger; divers animaux, chien, faisan, perroquet, animent cette belle décoration.

T. — H., 1^m,92 c.; l. 2^m,92 c.

GIORDANO (Luca)

31 *bis*. **Fleurs et fruits.**

Dans un vaste paysage, des Amours se jouent avec des guirlandes de raisins et de fleurs. A gauche, sur un piédestal sculpté (notamment la Louve romaine), est placé le buste de Pomone.

Au premier plan, très-bien exécuté, des fruits en abondance, pastèques, pêches etc., etc.

Pendant du précédent.

T. — H., 1m,92 c.; l. 2m,92 c.

GOSSAERT (Mabuse)

32. — **Vierge et Enfant Jésus.**

B. — H. 0m,65 c.; l. 0m,45 c.

GOYA

33. — **Goya et la Duchesse d'Albe.**

T. — H. 0m,41 c.; l. 0m,33 c.

GOYA

34. — **La Visite du moine.**

Un moine vient rendre visite à une femme qui lui fait un aimable accueil.

T. — H. 0m,41 c.; l. 0m, 33 c.

GOYA

35. — Scène de bandits.

Dans l'intérieur d'une caverne, un bandit assassine une femme qu'il a attachée à un rocher.

T. — H. 0^m,41 c.; l. 0^m,33 c.

GOYA

36. — Scène de bandits.

Dans l'intérieur d'une caverne, un brigand déshabille une femme. Dans le fond du tableau, la même scène se répète dans d'autres attitudes.

T. — H. 0^m,41 c.; l. 0^m,33 c.

GOYA

37. — Scène de bandits.

A l'entrée d'une grotte, un bandit assassine une femme dont le torse est nu; elle est étendue sur le sol; le bandit est agenouillé devant elle.

T. — H. 0^m,41 c.; l. 0^m,33 c.

GOYA

38. — **Scène d'intérieur.**

Des femmes réunies dans une chambre ; elles sont éclairées par une bougie que tient l'une d'elles.

T. — H. 0m,41 c.; l. 0m,33 c.

GOYA

39. — **Un Hôpital de pestiférés.**

Les pestiférés sont étendus sur le sol ; ceux qui les soignent prennent des précautions pour échapper aux émanations. La scène est éclairée par une fenêtre qui forme le point lumineux du tableau.

T. — H. 0m,57 c.; l. 0m,32 c.

GOYA

40. — **Scène de bandits.**

Des bandits fusillent un groupe d'hommes et de femmes ; l'une d'elles tourne le dos aux bandits pour protéger un enfant en le couvrant de son corps. L'expression de terreur qui se peint sur les visages des prisonniers est admirablement rendue.

T. — H. 0m,57 c.; l. 0m,32 c.

GOYA

41. — Scène de bandits.

Une caverne vue de l'intérieur. On aperçoit le ciel, et les bandits dorment étendus sur le sol.

Cette série de tableaux a été cataloguée dans l'ouvrage de M. Yriarte : *la Vie et les Œuvres de Goya.*

T. — H. 0^m,57 c.; l. 0^m,32 c.

GOYEN (Jan van)

42. — Le Passage du bac.

Paysage avec figures.

B. — H. 0^m,38 c.; l. 0^m, 34 c.

GOYEN (Jan van)

43. — Les Bords de la Meuse.

Paysage avec petites figures, barques, pêcheurs, laveuses, etc.

B. — H. 0^m,35 c.; l. 0^m,57 c.

GOYEN (Jan van)

44. — **Passage de rivière; le bac.**

Paysage avec figures; magnifique conservation.
Signé en bas et daté Jvan Goyen, 1623.

B. — H. 0^m,39 c.; l. 0^m,61 c.

HEMLING

(École de)

45. — **Triptyque.**

Adoration des mages.

Bois.

HUBERT (Robert)

46. — **Le Cloître.**

T. — H. 0^m,63 c.; l. 0^m,52 c.

HUBERT (Robert)

47. — **Vue du Colysée.**

Ruines.

T. — H. 0^m,90 c.; l. 0^m,78 c.

HUYSUM (Van) ?

48. — Paysage avec figures.

T. — H. 0m,30 c.; l. 0m,40 c.

LAMBINET (Émile)

49. — Paysage.

B. — H. 0m,39 c.; l. 0m,66 c.

LEDIEU (Ph.)

50. — Sanglier blessé.

C. — H. 0m,20 c.; l. 0m,44 c.

LOIRE

51. — Le Donneur d'eau bénite.

T. — H. 0m,40 c.; l. 0m,26 c.

LOO (Charles-André dit CARLE van)

52. — Minerve.

Toile ovale. — H. 0m,46, c.; l. 0m,38 c.

MEERHOUT (F.)

53. — Vue de la Meuse.

Signé F. Meerhout.

B. — H. 0m,30 c.; l. 0m,36 c.

MOLENAER (J.-M.)

54. — Le Tir villageois.

Composition importante.

B. — H. 0m,58 c.; l. 0m,83 c.

MOUCHERON (Frederick)

55. — Paysage avec figures.

T. — H. 0m,98 c.; l. 1m,16 c.

MURILLO

56. — Saint François d'Assise.

Le saint est représenté dans la contemplation d'un crucifix, les mains tenant un chapelet, appuyées sur une tête de mort.

Composition importante; très-belle conservation.

T. — H. 0m,72 c.; l. 0m,87 c.

NEER (VAN DER)?

57. — Effet de nuit.

T. — H. 0m,45 c.; l. 0m,59 c.

OSTADE

58. — La Fileuse; étude de vieille.

B. — H. 0m,28 c.; l. 0m,23 c.

OUDENROGGE (J.)

59. — Fête villageoise.

Signé et daté J. Oudenrogge, 1651.

B. — H. 0m,61 c.; l. 0m,81 c.

OUDRY (J.-C.)

60. — Combat.

Oies sauvages surprises par un chien barbet.

Signé en bas J.-C. Oudry, 1758.

T. — H. 1^m,26 c.; l. 1^m,60 c.

PATEL (P.)

61. — Pan et Syrinx.

T. — H. 0^m,50 c.; l. 0^m,60 c.

PATEL

62. — Paysage.

Environs de Rome, ruines, figures et animaux.

B. — H. 0^m,28 c.; l. 0^m,22 c.

PATER

(École de)

63. — Les Plaisirs champêtres.

Signé P., 1727.

B. — H. 0^m,25 c.; l. 0^m,32 c.

PATER (*école de*)

64. — Les Plaisirs champêtres.

Pendant du précédent.

B. — H. 0^m,25 c.; l. 0^m,32 c.

PEGNA

65. — Vue de Paris.

A gauche Notre-Dame, dans le fond l'Hôtel de ville et à droite l'île Saint-Louis.

Signé au bas : Pegna.

T. — H. 0^m,52 c.; l. 0^m,79 c.

PETEERS (B.)

66. — Marine.

Signé sur une épave : B. P.

B. — H. 0^m,38 c.; l. 0^m,55 c.

PETIT (J.-L.)

67. — La Tour François Ier.

Vue du Havre.

Peinture sur soie, fixée sur verre. Ovale. — H. 0^m,18 c.; l. 0^m,29 c.

PETIT (J.-L.)

68. — Saint-Waast-la-Hougue.

Peinture sur soie, fixée sur verre. Ovale. — H. 0^{m},18 c.; l. 0^{m},29 c.

PETIT (J.-L.)

69. — Calais.

Peinture sur soie, fixée sur verre. Ovale. — H. 0^{m},18 c.; l. 0^{m},29 c.

PETIT (J.-L.)

70. — Phare de Gatteville.

Peinture sur soie, fixée sur verre. Ovale. — H. 0^{m},18 c.; l. 0^{m},29 c.

QUERFURT

71. — Le Départ.

Intérieur d'hôtellerie.

B. — H. 0^{m},35 c.; l. 0^{m},28 c.

QUERFURT (A.)

72. — Choc de cavalerie.

Combat entre les Turcs et les Impériaux.

T. — H. 0^m,23 c.; l. 0^m,31 c.

RIBERA (Joseph) ?

73. — Le Sculpteur aveugle.

T. — H. 0^m,92 c.; l. 0^m,70 c.

ROBERT (Hubert)

74. — Ruines, vue du Colysée, etc., etc.

Charmant petit tableau animé par des figures spirituellement touchées.

B. — H. 0^m,26 c.; l. 0^m,22 c.

ROOS (Heinrich)

75. — Paysage.

Figures et animaux.

T. — H. 0^m,30 c.; l. 0^m,36 c.

ROOS (HEINRICH)

76. — Paysage.

Figures et . nimaux.

T. — H. 0m,30 c.; l. 0m,36 c.

SALVATOR ROSA?

77. — Paysage avec figure.

T. — H. 0m,63 c.; l. 0m,47 c.

RUYSDAEL?

78. — Paysage.

A gauche, des moulins à vent; à droite, sur une rivière des bateaux. Ciel orageux.

B. — H. 0m,35 c.; l. 0m,32 c.

SCHALKEN (G.)

79. — La Belle Hollandaise.

T. — H. 0m,30 c.; l. 0m,31 c.

SCHOEWARTDS

80. — Paysage avec figures.

T. — H. 0^m,25 c.; l. 0^m,18 c.

SCHUTZ (C.-G.)

81. — Vue du Mein.

Paysages avec figures, petits bateaux au premier plan, port de débarquement.

Signé à droite : Schutz.

B. — H. 0^m,32 c.; l. 0^m,41 c.

SCHUTZ (C.-G.)

82. — Vue du Mein.

Paysage avec figures, fond de montagnes; au premier plan, un quai d'embarquement.

B. — H. 0^m,32 c.; l. 0^m,41 c.

SCHUTZ (C.-G.)

83. — Vue du Mein.

T. — H. 0^m,21 c.; l. 0^m,29 c.

SCHUTZ (C.-G.)

84. — Vue du Mein.

T. — H, 0m,21 c.; l. 0m,20 c.

STELLA (F.)

85. — Le Repos de la sainte Famille.

Dans un paysage avec monuments d'architecture égyptienne, des femmes présentent à la Vierge, qui tient l'Enfant divin dans ses bras, des fruits, etc.; près d'elle, saint Joseph; dans le fond, plusieurs petites figures.

T. — H. 0m,46 c.; l. 0m,58 c.

STREEK (J.-V.)

86. — Intérieur de cabaret.

Signé : J. Van Streek fecit.

B. — H. 0m,20 c.; l. 0m,24 c.

TENIERS (David)

87. — Le Fou.

Habillé mi-partie de rouge, de jaune et de vert, un fou tient, en dansant, sa marotte; dans le fond, un village, une église. Ciel nuageux.

Exécution remarquable et belle conservation.

Signé à gauche : D. Teniers fecit.

T. — H. 0^m,32 c.; l. 0^m,26 c.

THÉOTOCOPULI (dit el GRECO)

88. — Le Christ est conduit chez Pilate.

T. — H. 0^m,47 c.; l. 0^m,58 c.

VERNET (Joseph)

89. — Vue prise dans la Méditerranée; effet de soleil couchant.

Au premier plan, des pêcheurs; plus loin, des barques, vaisseaux, etc., etc.

Signé à gauche : J. Vernet.

T. — H. 0^m,38 c.; l. 0^m,55 c.

VILKIN

90. — **La Visitation de la Vierge.**

D'après le tableau de Sebastien del Piombo.

Aquarelle-gouache anglaise faite en 1805.

H. 0^m,45 c.; l. 0^m,34 c.

VITELLI (VAN)

91. — **Vue de l'arc de triomphe de Constantin.**

Diverses petites figures animent le paysage.

T. — H. 0^m,73 c.; l. 0^m,96 c.

WATERLOO (ANT.)

92. — **Paysage.**

T. — H. 0^m,80 c.; l. 0^m,87 c.

WEIROTTER (F. E.)

93. — **Marine.**

C. — H. 0^m,26 c.; l. 0^m,33 c.

WITTE (P. DE)

94. — **Paysage, ruines, etc.**

Petites figures.

Signé du monogramme.

B. — H. 0^{m},41 c.; l. 0^{m},47 c.

WOUWERMANN (PIERRE)

95. — **La Chasse au Faucon.**

B. — H. 0^{m},24 c.; l. 0^{m},18 c.

WOUWERMANN (PHILIPPE)

96. — **Le Départ pour la chasse.**

Dans un vaste paysage, ciel nuageux, plusieurs cavaliers sont réunis. Un d'eux, monté sur un cheval blanc fougueux, cherche à maintenir sa monture effrayée par des chiens. A gauche, un cavalier arrive au galop; plus loin, un seigneur, sa dame et son enfant; à droite, un paysan tient en laisse un cheval harnaché. Dans le fond, une rivière, baigneurs et abreuvoir.

B. — H. 0^{m},37 c.; l. 0^{m},44 c.

?

97. — Vierge et Enfant Jésus.

C. ovale. — H. 0^m,14 c.; l. 0^m,11 c.

?

98. — Vue de Constantinople.

Esquisse.

T. — H. 0^m,16 c.; l. 0^m,21 c.

?

99. — Mignon de Henri III.

B. — H. 0^m,36 c.; l. 0^m,29 c.

?

100. — Marie de Médicis.

T. — H. 0^m,60 c.; l. 0^m,48 c.

?

101. — Henri, duc de Guise (dit le Balafré).

B. — H. 0^m,35 c.; l. 0^m,26 c.

PARIS. — J. CLAYE IMPRIMEUR, 7, RUE SAINT-BENOIT. — [784]

www.ingramcontent.com/pod-product-compliance
Ingram Content Group UK Ltd.
Pitfield, Milton Keynes, MK11 3LW, UK
UKHW020521180726
13839UKWH00005B/2231

9 782329 537597